AF349602

## LA REPENTIE DE LA COVR.



EN fin apres auoir baillé tant de beaux iours & tant d'annees à la vanité, esclairee d'vn rayon de ce grand Soleil de Iustice, ie sors de la maison de Circé, ie veux dire de la prison de la Cour, dont le seiour est d'autant plus dangereux que ses charmes nous rendent insensibles à nos maux, & comme vne Magdelaine que i'ay plustost surpassee par l'excez de mes vices, qu'imitee en son repentir, accompagnee seulement du triste souuenir de mes fautes passees; ie me retire dans la seure retraitte d'vn petit bois, non loing où la Seine estend le lict de ses eaux, là dans vn perpetuel silence qui ne sera interrompu que par la presse de mes souspirs, ie feray entrer mon ame en compte auec vne recherche si estroitte de toute ma vie, que mon Dieu aura autãt de misericorde pour moy, comme il a eu de patience, imitant en mon trop tard repentir les dernieres voix du Cigne, ie de-

4

uanceray tous les iours la naiſſance du Soleil de la roſee de mes larmes, leſquelles il
en pourra ſeicher au milieu de ſa courſe,
comméçant auec luy dés le premier point
de ma naiſſance l'hiſtoire de ma vie.

Ie maudiray premierement le ſort malheureux qui m'a fait naiſtre dans les cor-
ruptions de la Cour, où l'on ſucce plus de
vice que de laict; Nourrice plus dangereuſe que celle de Neron, de Cannibale,
de Caligula, & autres ſcandales de la nature. Se faut il eſtonner ſi la Cour eſt le
regne des vices, puis que les premieres
impreſſions qu'on nous donne dés le ber-
ceau ſont celles de la vanité, à fin qu'elles
ſoient eternelles ? Helas mon Dieu ſi ie
fuſſe nee ſous le chaume de quelque che-
tiue cabane, nourtie dans la ſimplicité des
vilageois, qui tirent plus d'auantage de l'i-
gnorance du vice que les grands de la cognoiſſance de la vertu; Appriſe à côbattre
ceſte dangereuſe oyſiueté des Dames,
peſte & perte des ames par quelque hon-
neſte occupation, ie ne ſerois pas auiour-
d'huy bourrelee des cruels remords de
mes offences, leſquelles au milieu de ma
plus profonde ſolitude ſonnent ſans ceſſe
à mes oreilles & m'effrayent par la iuſtice

de vos iugemens , supplices plus grands
que les roües d'Ixion ; I'eusse esté esleuee
dans l'innocence, vescu dans la tranquili-
té d'vne bonne conscience, & attendu
qu'au terme de mes iours nature m'eust
fermé les yeux auec la douce consolation
d'vne bonne vie ; Là où ayant esté receuë
mollement dans la soye & dans la pour-
pre, ie n'ay pas si tost saluee la lumiere du
iour, que la necessité de ma naissance m'a
réduë tributaire aux folies du siecle, ie res-
pire, ie suis nourrie, ie grãdi, dans cest ele-
ment, ie cõmence desia à m'aymer & vou-
loir estre aymee, à ceste fin sous des beautez mẽsongeres & empruntees ie fais rou-
gir la nature, ie me rẽd soigneuse de m'or-
ner, & enflee comme vn paon en la riche
diuersité de mes atours, ie me mire dans le
luxe. A grand peine ma langue peut for-
mer vne parole que l'on me fait des leçons
de la vanité : ie ne suis pas si tost esleuee sur
les patins, que ie vole sur l'aisle de l'ambition & de ce flateux honneur ; i'imité, i'éga-
le, ie surpasse en mondanité les plus mon-
daines.

O cher & funeste apprentissage que la
Cour, ô pernicieuse eschole où l'on ap-
prend si tost à se perdre. Les eaux de Sal-

matis ne font plus dangereufes qui rélaſ-
chent les hommes, & leur font changer
ceſte maſle vigueur en vne effeminee laſ-
cheté; Ne voit on pas ces nouuelles me-
tamorphoſes tous les iours en ceux qui ſe
plongent dans l'eau douce des delicateſſes
& mignardiſes de la Cour, Dauid tout
Roy & Prophete qu'il eſt, y change ſes
ſainſts mouuements en impudicité: Salo-
mon la lumiere de ſa belle cognoiſſance
en vne aueugle brutalité, ſes hautes con-
templations en des honteuſes concupiſ-
cences, les Samſons s'y perdent, les Her-
cules s'y amoliſſent, les Heros s'y abatar-
diſſent: Bref les plus genereux & vaillans
y manquent de courage & ſe rendēt hon-
teuſement à la volupté. Et qui ne ſeroit
pris en tels pieges, retenu de telles cade-
nes, pippé par tant d'artifices: car la Cour
n'eſt qu'vne eſtude de tromperies, vn ex-
ercice de tous vices, qu'vn Royaume de
confuſion, duquel le puiſſant ſceptre eſt le
trident de trois grands vices ordinaires à
la Cour, de la vanité, du fol amour, & de
la volupté, ce font ces trois furies qui la
compoſent, ou pluſtoſt les trois diuinitez
que l'on y adore; De tout l'excez m'en a
eſté ſi naturel entre toutes, que ie me

croyois plus grande que Iunon, auoir plus de beauté que Venus, plus de charmes qu'Helene, que tout Paris ne me pouuoit faire voir vn digne Pâris, Narcisse a trouué sa mort en l'ombre de son visage, & moy ie me suis perduë en l'imagination de mes beautez, & ay ensepuelie dans la mesme ruyne tant de pauures imprudens qui comme papillons suiuans la fausse clarté de mes yeux, se sont bruslez dans mille flammes impudiques. Ha de combien de meurtres ( maudites lumieres ) me rendez vous criminelle Combien de playes ont faict vos œillades plus mortelles que l'aspect du Basilic, depuis que cest infame Archerot vous a ouuerts à la liberté; ils paroissent sous les dédaigneux sourcils comme des nouueaux astres dans le Ciel cristalin de ma face hautaine: mais las! ce sont des malheureuses commettes, ils semblent des clairs flabeaux, tels que le Ciel serain faict voir pour augure d'vne belle aurore: mais ce sont des funestes torches qui reduisent tous les iours en cendre la constance des plus chastes. Mille regards lascifs sont les traicts acerez qui portent la mort à tant d'ames. De ces deux torches ardentes sortent plus de feux & de flam-

mes que du mont Ætna; Des yeux de Me-
duſe qui tranſforment en rocher, c'eſt à dire charmes de tant d'appas qu'ils oſtent
tout ſentiment de raiſon.

O malheureux inſtruments de tant de
crimes, ô maudites clartez d'Hibou qui ne
m'auez ſeruy qu'en tenebres, yeux de tau-
pes, qui attachez à la terre ne s'ouurent iamais au ſoleil, falloit il que de ces deux bel-
les feneſtres de mon ame i'en fis les portes
de l'enfer, que ces deux miroüers baillez
pour contempler les merueilles de la main
du Tout-puiſſant fuſſent les infames mini-
ſtres pour promener laſciuement mon eſprit ſur tous les obiects deſirables, & tirant
comme vne fauſſe gueſpe le venin de toutes fleurs, infecter tout le monde de la lu-
bricité de deux yeux? Que nature ne m'a
elle fait auſſi aueugle de corps que moy
d'eſprit, pour le moins me fermant les clartez du Soleil, elle m'euſt ouuert les lumieres de l'ame: car il en eſt de ces deux diuers
flambeaux comme des deux grands lumi-
naires du firmament, ou le leuant de l'vn
& le couchant de l'autre.

Mon viſage n'eſt pas moins complice
que mes yeux. O que de chaſtetez ont faict
naufrage contre ce rocher, à quoy tant
d'artifi-

d'artifices, tant de plaſtre que pour faire le blanc de mille fleſches impudiques ; tant de vermillō, de ceruſe, & autres fards, que pour faire vne idole, vn tableau racourcy de vanité, vne amorce de pechez : comme ſi Dieu auoit manqué en la façon de mon viſage, ie demens ſes œuures, mendiát vne beauté trompeuſe parmy toutes les inuentions de l'art, ou pour mieux dire de l'enfer. Ie fais courir les mers, arpenter toute la terre, pour enrichir ma face de quelque nouueau larcin, encor toute la nature eſt trop pauure pour mes deſirs, n'a pas aſſez de beauté pour mon contente-mēt, tout cela pour paroiſtre ce que ie ne ſuis pas, pour pipper plus ingenieuſement d'vn faux maſque de perfection. I'ay fait monter la vanité iuſques meſmes à l'extremité de mes cheueux ; il me falloit vne boutique de ferremens pour les entortiller, friſer, gauderonner, en ondes, en degrez, en huppes ; vn magaſin de poudre pour changer, colorer, dorer ces vils excremēs, perruques fatales deſquelles pendent pluſieurs Abſalons, liens mortels qui attachent à vne ſpecieuſe, mais bien dure ſeruitude.

Auec tels emprunts & gueuſeries ie

confulte le plus beau du iour auec la gla-
ce d'vn miroüer, qui me reproche fans le
cognoiftre mon effronterie en la grace de
mon front, & la laideur de mon ame en
l'artificielle beauté de mon vifage. Toutes
les richeffes & dépoüilles de la terre ont
feruy de parure, ou parade au refte de mõ
corps; Les vers s'efuentrent pour me fi-
ler vne robbe de foye, enrichie de tant de
pierreries qu'elle brille comme vn firmament: Ainfi decouurant ma vanité, ie me
couure de l'homicide de mille autres ani-
maux innocens.

Si par fois quelque bonne penfee me
parle fourdement du iour que finira ces
pompes, la volupté me fuggere, que pendant que ie fuis au printemps de mõ aage,
ie dois marcher fur les fleurs, qu'il ne fera
pas temps aux glaces de la vieilleffe de re-
gretter mes ieunes ans? A quoy faire tant
de foins qui rongent le plus beau de nos
iours, pendant que toute la Nature tra-
uaille au contentement de nos fens, cher-
cher le fuplice dans le regne des plaifirs, il
n'y a point de Paradis en terre qu'en la
beatitude des delices, pour may qui n'y
iamais ouuert la porte à vne trifte penfee
pour venir troubler ma ioye, & qui ne

voudrois pas achepter d'vne seule dou-
leur tous les Empires de la terre, i'abhor-
re ces pasles meurtriers qui vont languis-
sant sur la terre, & bourreaux d'eux mes-
mes par leurs austeritez se mettent tous
les iours au nombre des morts. La pauure
Magdelaine a fait assez de penitence pour
les pechez de tout le monde, pendát qu'elle se fond en larmes, ie me noye en la dou-
ceur. I'ayme mieux les festins d'Eliogaba-
le que les racines de S. Paul; l'ayme mieux
aualler en vn morceau les Royaumes a-
uec Cleopatre, qu'auec S. Iean ronger des
langoustes; l'ayme mieux durant ma vie,
auoir le col emperlé, porter en mes doigts
les estoilles de mes diamants, topales, ru-
bis, esmeraudes, escarboucles; rayonner
de l'esclat de mes ioyaux, qu'estre apres
ma mort enchassee dás l'or; i'ayme mieux
estre maintenant parfumee & embaumee
des odeurs de l'Arabie heureuse, qu'en-
censee apres ma mort, estre adoree d'vne
trouppe de Courtisans, sous le Ciel des
Palais que visitee des peuples dans vn fu-
nebre monument.

Voyla aussi bien que les miennes vos
voyes Dames de la Cour; ce sót les vœux
que vous faites deuant l'Autel de la vanité.

R ij

Ainsi toute esclatante & reuestuë de gloire ie fais la Deesse, marche sur la hauteur de mes desseins, & crains que toute la Cour n'ait pas assez d'yeux pour me contempler, assez de bouches pour me loüer, assez de fols pour m'idolatrer; Par ces marches i'entre dans vn superbe Chasteau tout paré d'honneur comme vn Temple, où comme vne diuinité ie contrefais vn Ciel en terre par la richesse des lambris.

Sapores Roy des Perses fut si insolent en son ambition que de se faire vn Ciel en son Palais, qui auoit la Lune, le Soleil, les Estoilles, & au dessous de ces terrestres Globes se formoient les Meteores, grondoient les tápestes? Que sont autres choses mes Dames, vos sales lambrissees & rayonnantes que des planchers celestes contrefaits, où pour vn neant vous tonnez plus effroyablement que les veritables Cieux. Et comment entrer là dedans les pensees de la mort, laquelle abbat aussi hardiment les sceptres que les houlettes. Que si parmy le succre de tant de delices, il y a quelque moment pour Dieu, c'est pour le considerer côme vn agneau, comme vn bon Pasteur, côme vn pauure crucifié, on luy faict des pieds de laine, sans

mains, on luy bande les yeux; Iamais comme le grand Dieu des armees, comme iuste
iuge, comme armé de colere, tonnant, fou-
droyant, ruynant.

Ia desia mes iniquitez estoient montees
iusques au Ciel, & Dieu tout prest à des-
charger sur moy son bras de vengeance;
quand reuenant à moy miraculeusement
comme d'vne profonde lethargie, ie m'es-
crie. O vanitez de la Cour, que vos trom-
peuses esperances me font achepter cher
vn tardif repentir? Mon Dieu pourquoy
ne vous ay-je pas plustost aymee, ou que
ne m'auez plustost ouuert les yeux de l'a-
me, pour voir que les plaisirs des grands
ne sont que des ombres qui enfantent des
maux veritables, plus petits qu'vn point
de Geometrie, plus courts qu'vn esclair,
plus trompeurs que les ondes, plus doux
que le miel en apparence, mais en effet plus
mortels que l'absynthe ou l'aconit, sont les
eaux de Tantale qui ne font qu'abuser.
L'œuf d'Oromazes fermoit tout le bon-
heur des hommes, dit-on, & n'estoit plein
que de vent, telle est la Cour plaine du vét
d'ambition, laquelle ne nous fait reposer
que dans les inquietudes. Arrestez maintenant traistres yeux vos libertez insolen-

tes en la contemplation d'vn Crucifix, changez vos charmes en larmes, esteignés tous vos feux dans les ruisseaux de vos pleurs.

Adieu Paris le Paradis du móde, tu n'as que trop triomphé de ma simplicité, Courtisans ne me cherchez plus dans vn bal, mes pieds chargez de sandales ne marchent plus qu'à la cadance d'vn tremblement. Vne grotte bastie de ses propres ruïnes est auiourd'huy mon Louure; Dames de la Cour ie ne peux plus vous tenir compagnie, si ce changement vous estonne, ie m'estonne encore plus que ne changiez auec moy, ie n'ay que trop baillé de temps au monde, ce qui me reste est precieux; Cóme vous auez esté scandalisees en la licéce de ma vie; soyez auiourd'huy touchee de mon repentir; la mesme terre qui porte les poisons produiƈ les Antidotes: fols amans qui auez auec tant de passion pourchassé vne grace peinte & superficielle, tirant de la mesme cause le remede de vos maux, cósiderez moy toute abatuë de mes desplaisirs, ma face ternie auiourd'huy seulement capable de donner de la pitié, mon corps estendu sur vn liƈ de feueilles seiches, qui ne peut bransler qu'auec vn tremblemét de terre , mes joües toufiours baignees de l'eau de mes yeux, ne fouffrent plus ny fard ny vermillon , il n'y a plus de poudre en mes cheueux que celle que le vent y iette; Ma voix de Sirene iadis victorieufe de tant de cœurs n'eft plus qu'vn accent pitoyable de contrition, plus capable de ietter des glaçons dans l'ame que de l'amour ; Mes airs de Cour font,

*Mon Dieu fi i'auois mille vies,*

*Ie t'offrirois toutes ces vies,*

*Mon Dieu fi i'auois mille cœurs,*

*Ie t'aymerois de tous ces cœurs.*

Le temps que i'employois vainement à m'embellir & parer pour plaire, fera employé en la meditation des grandeurs de mon Dieu, & de l'excez de fes mifericordes ; Là loin de l'ambition qui fait durement repofer les Roys deffous la fplendeur de leur fceptre, i'iray interrogeant le neant quelle eft mon origine; Puis defcendans dans les tombeaux des Cefars, des Salomons; ie demanderay à ces carcaffes qu'eft ce qu'il leur refte de leur gloire, tout ce que le monde leur a peu donner eft de faire grauer fur vn marbre froid qu'ils ont efté & ne font plus, qu'vn monde entier ne fuffifoit à qui fuffifent cinq

pieds de terre. La superbe Cleopatre me
dit que toutes ses beautez qui ont com-
mandé sur les cœurs des Empereurs par
vn Empire si naturel, sont auiourd'huy la
pouciere d'vn cercueil.

Venez icy, Dames, apprendre vne belle
leçon, qui vous allez idolastrant, à ne vous
glorifier qu'en vostre bouë; c'est dans le
destroit d'vne solitude que l'on descou-
ure ces secrets, non pas dans la confusion
des Palais, les pensees y sont plus pures,
les consolations plus frequentes, la vie plus
innocente, & la fin plus illustre dans son
obscurité qu'au iour & aux yeux de mille
Cours.

F I N.